Escala de Evaluación de la Administración de Negocios

de Negocios

Para el Cuidado de Niños en el Hogar

Segunda Edición

TEACHERS COLLEGE PRESS

TEACHERS COLLEGE | COLUMBIA UNIVERSITY

NEW YORK AND LONDON

Teri N. Talan, J.D., Ed.D, y

Paula Jorde Bloom, Ph.D.

Publicado por Teachers College Press, 1234 Amsterdam Avenue, New York, NY 10027

Derechos de autor © 2020 por Teri N. Talan y Paula Jorde Bloom

Fotos de portada por (L a R): Weekend Images Inc. / gpointstudio / monkeybusinessimages, todo a través de iStock de Getty Images.

ISBN 978-0-8077-6394-0 (portada de papel)

Impreso en papel libre de ácidos
Hecho en los Estados Unidos de América

27   26   25   24   23   22   21   20   8   7   6   5   4   3   2   1

El entrenamiento se encuentra disponible en el Centro para el Liderazgo de Educación Infantil McCormick (McCormickCenter@nl.edu) para practicantes, mentores, investigadores y evaluadores de programas para asegurar el mejor uso de la *Escala de Evaluación de la Administración de Negocios para el Cuidado de Niños en el Hogar*. Contactar a Teri Talan, McCormick Center for Early Childhood Leadership, National-Louis University, 6200 Capitol Drive, Wheeling, Illinois, 60090. (800) 443-5522, ext. 5060 o teri.talan@nl.edu.

Contenido

Prefacio a la Traducción en Español

Es un placer ofrecerle la traducción al español de *la Escala de Evaluación de la Administración de Negocios para el Cuidado de Niños en el Hogar* (*Business Administration Scale for Family Child Care* o BAS). En el momento en que el número de niños atendidos en el cuidado infantil familiar está ampliando, existe un correspondiente aumento en el número de proveedores de cuidado infantil para los que el español es su idioma principal.

El impulso de una traducción al español de la BAS viene de la necesidad de proveedores de habla hispana de tener un método confiable y válido para evaluar y mejorar la calidad de sus prácticas administrativas. Sabemos que el brindar cuidado infantil de alta calidad es esencial para el desarrollo saludable de los niños matriculados en los programas de cuidado en el hogar. La investigación ha demostrado que la excelencia en el cuidado de niños en el hogar está determinada por la calidad de los cuidados y las prácticas de negocios.

Tuvimos la suerte de contar con la participación de Migdalia Young para traducir al español la BAS. Ella es una traductora bilingüe, asesora y entrenadora con experiencia en múltiples áreas de contenido de la educación de la primera infancia.

Damos las gracias a Migdalia Young por su atención a los matices de la interpretación de determinados temas en el BAS. También estamos profundamente agradecidos de los repetidos exámenes a fondo del manuscrito por Nancy Vazquez-Caban, Iris Corral y Esmeralda Arroyo todas asesoras certificadas en la BAS y en la administración de programas de educación temprana. Su paciencia y su compromiso con este proyecto fueron extraordinarios. Nuestro más sincero agradecimiento a Cindy Wall y Megan Fitzgerald del Departamento de Servicios Humanos de Illinois (Illinois Department of Human Services o IDHS), cuyo apoyo hizo posible esta traducción. Un agradecimiento especial a Lindsey Engelhardt por su asistencia en preparar este documento para su publicación en español. Y por último pero no menos importante, aplaudimos a Sarah J. Biondello y al Colegio de Profesores de Prensa (Teachers College Press) por hacer posible la publicación de esta traducción al español.

Agradecimientos

Desde la publicación de la primera edición de *la Escala de Administración de Empresas para el Cuidado de Niños en el Hogar* (BAS) en 2009, hemos tenido el honor de trabajar con cientos de proveedores de cuidado infantil familiar, especialistas en asistencia técnica, evaluadores de calidad y políticos de todo Estados Unidos. Estas personas participaron en oportunidades de aprendizaje profesional que van desde sesiones de conferencia a un entrenamiento intensivo de cuatro días en confiabilidad de la BAS. Muchas de estas personas continuaron la jornada en confiabilidad y se certificaron como evaluadores de la BAS para poder recopilar datos para investigación, monitoreo de calidad, asistencia técnica o asesoramiento. Fueron sus preguntas clarificadoras, utilizando la BAS en el campo con los proveedores de cuidado infantil familiar, las que inspiraron la mayoría de las revisiones encontradas en esta segunda edición. Queremos reconocer la importancia de esta información de los profesionales y expresar nuestro agradecimiento a todos los participantes en el entrenamiento que contribuyeron a la segunda edición de *la Escala de Administración de Empresas para el Cuidado de Niños en el Hogar*.

El ímpetu para el desarrollo de *la Escala de Evaluación de la Administración de Negocios para el Cuidado de Niños en el Hoga*r (*Business Administration Scale for Family Child Care* o BAS) nació de nuestra experiencia utilizando *la Escala de Evaluación de la Administración de Programas* (*Program Administration Scale* o PAS). La PAS fue diseñada para medir, monitorear y mejorar la calidad de las prácticas de liderazgo y de administración en programas de educación infantil basados en centros de cuidados. Desde el 2004 hemos proporcionado entrenamiento intensivo a lo largo del país en el uso de la PAS para mejorar la calidad de los programas. Prácticamente en cada presentación los participantes nos han preguntado, "¿Y qué hay de una herramienta para mejorar la calidad de las prácticas de negocios en el cuidado de niños en el

hogar?" Esta solicitud reiterada nos convenció de la necesidad que existe para una herramienta válida y fiable con la que se pueda medir la calidad de las prácticas de negocios en situaciones de cuidado de niños en el hogar.

En Julio de 2007, el estado de Illinois oficialmente lanzó un sistema de evaluación de calidad, QRS La Calidad Cuenta, el cual incluye a la BAS como una de dos medidas de la calidad de los programas en el cuidado de niños en el hogar. El Departamento de los Servicios Humanos de Illinois (IDHS) nos proporcionó tiempo y recursos para llevar a cabo el programa piloto de la BAS y recaudar la información para nuestro estudio de validez y fiabilidad de la herramienta. Estamos agradecidas con Linda Saterfield y Holly Knicker de IDHS por su apoyo a nuestro trabajo y su compromiso para mejorar la calidad de las prácticas de negocios en ambientes del cuidado de niños en el hogar.

La recaudación de información en Illinois continuó durante el 2008. También se recaudó información en Tennessee, Florida y California con la ayuda de Tennessee Early Childhood Training Alliance, Miami-Dade United Way Center for Excellence y Riverside County Child Care Coalition. Apreciamos sus contribuciones colectivas al desarrollo de esta herramienta. Queremos expresar nuestro agradecimiento a la Fundación W. Clement y Jesse V. Stone por proporcionar el apoyo para generar normas nacionales del 2009 para la BAS y por creer en el valor de nuestro trabajo.

Varios expertos en el cuidado de niños en el hogar nos ayudaron en el desarrollo de *la Escala de Evaluación de la Administración de Negocios para el Cuidado de Niños en el Hogar* al revisar los borradores del manuscrito. Nuestro más sincero agradecimiento para Michelle Bossers, Ida Butler, Tom Copeland, Linda Hermes, Kathy

Modigliani, Joe Perrault y Barbara Sawyer por sus conocimientos sobre el tema que fueron de tanta ayuda. Gracias en particular a los proveedores del cuidado de niños en el hogar que participaron en nuestros grupos de enfoque y amablemente nos dieron de su tiempo, compartieron sus documentos y recibieron a nuestro equipo de investigación en sus hogares.

Apreciamos muchísimo el compromiso y arduo trabajo del equipo inicial de investigación que estuvo involucrado en el estudio de fiabilidad y validez de la BAS—Linda Butkovich, Shirley Flath, Ann Hentschel, Renita Johnson, Kathleen Radice y Liliam Perez.

Estamos profundamente en deuda con Michael Abel, Robyn Kelton, Diana Schaack y Jion Yen por su apoyo estadístico. Su experiencia fue indispensable en la realización de los análisis psicométricos de la BAS.

Un agradecimiento especial a los líderes nacionales de la BAS—Jill Bella, Linda Butkovich y Robyn Kelton por su experiencia en la respuesta a preguntas de afuera, el examen crítico de las revisiones necesarias y la revisión del manuscrito final, y a Lindsey Engelhardt por su ayuda en la preparación del documento para su publicación. Finalmente, queremos reconocer a Sarah J. Biondello, nuestra editora en Teachers College Press, por su apoyo, paciencia y apreciación de las complejidades involucradas en la revisión de esta herramienta de evaluación.

Visión General de la
Escala de Evaluación de la Administración de Negocios

Justificación

El origen de *la Escala de Evaluación de la Administración de Negocios para el Cuidado de Niños en el Hogar* (*Business Administration Scale for Family Child Care* o BAS) vino del creciente consenso profesional de que la calidad del cuidado de los niños en el hogar se determina por algo más que sólo el cariño y las interacciones afectuosas con los niños. Mientras que había varios instrumentos disponibles para medir la calidad de las interacciones proveedor/niños y la calidad del ambiente de aprendizaje, no había instrumento fiable ni válido para medir las prácticas de administración de los negocios en el cuidado de niños en el hogar. *La Escala de Evaluación de la Administración de Negocios para el Cuidado de Niños en el Hogar* se diseñó para llenar ese vacío.

La investigación del cuidado de los niños en el hogar, indica que los proveedores quienes utilizan prácticas efectivas profesionales y de negocio tienen mayores posibilidades de ver el cuidado de los niños en el hogar como una profesión. También es más probable que proporcionen un ambiente de aprendizaje de mayor calidad e interactúen más sensiblemente con los niños (Bordin, Machida, & Varnell, 2000; Burton et al., 2002; Helburn, Morris, & Modigliani, 2002; Kontos, Howes, Shinn, & Galinsky, 1995).

La Escala de Evaluación de la Administración de Negocios para el Cuidado de Niños en el Hogar se diseñó para servir como una herramienta fiable y fácil de administrar para medir y mejorar la calidad total de las prácticas de administración de programas del cuidado de niños en el hogar. El desarrollo de la BAS comenzó con una revisión de la literatura acerca de las mejores prácticas

del cuidado de los niños en el hogar, enfocándose en las políticas y procedimientos que apoyan el bienestar y profesionalismo de proveedores, al igual que los resultados positivos para los niños y sus familias.

El contenido de la BAS refleja los conocimientos de la carrera sobre lo que significa la alta calidad en el cuidado de los niños en el hogar. Los programas de alta calidad están manejados por proveedores que son intencionales en su trabajo con niños y familias, están comprometidos a su desarrollo profesional constante, involucrados en las prácticas éticas y son conocedores acerca de cómo tener acceso a los recursos comunitarios para mejorar la eficacia de sus programas. Los programas de alta calidad tienen e implementan prácticas y pólizas de negocio, las cuales promueven estabilidad financiera, reducen el riesgo asociado con tener un negocio en el hogar y cumplen con los requisitos legales locales y estatales (NAFCC, 2005).

La BAS incluye un esquema de 37 ramas indicadoras agrupadas en 10 ítems. El instrumento se construyó para complementar la *Escala de Calificación del Ambiente de Cuidado Infantil en Familia–Edición Revisada* (*Family Child Care Environment Rating Scale–Revised Edition* o FCCERS–R) por Harms, Cryer y Clifford (2007) que ya es ampliamente utilizada. Tanto la BAS cómo la FCCERS–R miden la calidad de acuerdo a una escala de 7 puntos y ambas generan un perfil para guiar los esfuerzos de mejoramiento del programa. Cuando se utilizan en conjunto, estos instrumentos proporcionan un cuadro comprensivo de la calidad del ambiente de aprendizaje del hogar de cuidado, y de las prácticas de administración de negocios que dan una red de apoyo al programa.

Diseño de Usos-Múltiples

La Escala de Evaluación de la Administración de Negocios para el Cuidado de Niños en el Hogar tiene aplicaciones de usos múltiples: auto-mejoramiento del programa, asistencia técnica y monitoreo, entrenamiento, investigación y evaluación, y para crear conciencia pública. La BAS va orientada en su mayoría para las personas que proveen el cuidado a niños en su hogar y para aquellas que trabajan para supervisar y mejorar la calidad de las prácticas en la administración de negocios para el cuidado de los niños en el hogar.

- ◆ **Auto-mejoramiento.** Puesto que los índices son objetivos y cuantificables en un continuo de 7 puntos desde inadecuado a excelente, los proveedores pueden fijarse metas para mejorar progresivamente sus prácticas de la administración en sus negocios. El perfil resultante puede utilizarse como punto de referencia para el proveedor acerca del progreso para cumplir sus metas a través del tiempo.

- ◆ **Asistencia técnica y monitoreo.** Como parte de las iniciativas locales o estatales para la mejoría de calidad, la BAS puede servir como una herramienta conveniente de asistencia técnica para proporcionar pautas claras y poder mejorar progresivamente las prácticas profesionales y de administración de negocios para asegurar una alta calidad en el cuidado de niños en el hogar.

- ◆ **Desarrollo profesional.** La BAS proporciona un amplio panorama de las mejores prácticas profesionales y de negocios en programas de cuidado de niños en el hogar, reforzando el importante papel que desempeñan los proveedores en la determinación de la calidad del cuidado y la educación. La BAS se utiliza como texto en los cursos de primera infancia.

- ◆ **Investigación y evaluación.** Para estudios de investigación independientes o sistemas de calificación de calidad financiados con fondos públicos que recompensan niveles más altos de calidad, la BAS se puede utilizar para describir los niveles actuales de calidad en el área de negocios y práctica profesional, así como referencia para cambios a través del tiempo.

- ◆ **Conciencia pública.** Puesto que la BAS está escrita utilizando un lenguaje claro y proporciona una rúbrica de ejemplos concretos, puede ayudar a informar a las partes interesadas—proveedores, entrenadores, agencias administrativas, políticos, padres de familias y especialistas en recursos y referencias—acerca de los componentes de alta calidad del profesionalismo y de administración de negocios del cuidado de niños en el hogar.

Ítems, Ramas Indicadoras e Indicadores

La BAS mide la calidad de 10 ítems basada en una escala de 7 puntos. Los primeros 9 ítems están relacionados con todos los programas del cuidado de niños en el hogar. El último ítem (El Proveedor como Empleador) es opcional, dependiendo de si un proveedor de cuidado emplea a asistentes y/o a sustitutas.

Cada ítem se compone de 2 a 5 ramas indicadoras y cada rama indicadora se compone de cuatro indicadores en una rúbrica de aumento de calidad. Después de que sea calificado cada indicador, rama por rama, el ítem se evalúa en una escala de 7 puntos desde inadecuado a excelente.

◆ Se asigna una puntuación de 7 cuando los indicadores bajo el 1 están evaluados con N (no) y todos los indicadores bajo el 3, 5 y 7 están evaluados con S (sí).

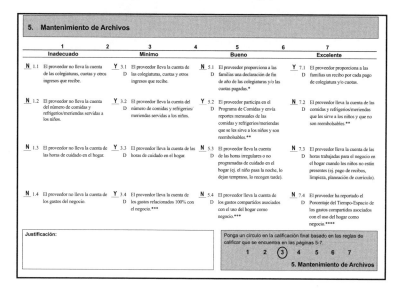

En la página de cada ítem, trace un círculo alrededor de la calificación del ítem en el espacio que se proporciona en la esquina inferior derecha.

Paso 4. Genere una Calificación Total de la BAS.

La Calificación Total de la BAS es la suma de las calificaciones de los ítems. Para calcular este resultado, transfiera las calificaciones individuales de los ítems al **Formulario de Resumen de los Ítems**. Sume las calificaciones de los ítems para toda la escala.

◆ Si el proveedor emplea a uno o más asistentes o suplentes/sustitutos, entonces se evalúan 10 ítems y el rango posible de calificaciones es de 10–70.

◆ Si el proveedor no tiene empleados, entonces se evalúan 9 ítems y el rango posible de calificaciones es de 9–63.

Paso 5. Determine la Calificación Promedio de Ítems de la BAS.

Utilice el **Formulario de Resumen de los Ítems** para calcular la Calificación de Promedio de Ítems de la BAS, la cual es la Calificación Total de la BAS dividida entre el número de ítems que se calificaron (un mínimo de 9 para todos los programas de cuidado de niños en el hogar; 10 para los programas de cuidado de niños en el hogar con uno o más empleados).

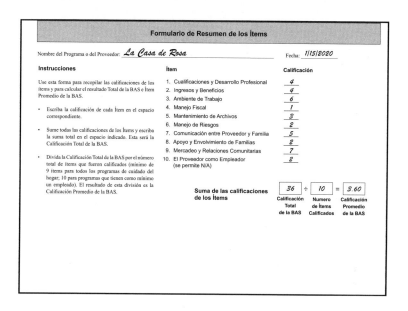

Paso 6. Trace las calificaciones en el Perfil de la BAS.

Trace las calificaciones individuales de los ítems en la gráfica del **Perfil de la BAS**; luego una los puntos. Añada la información a la parte inferior del perfil contemplando la Calificación Total de la BAS, el Número de Ítems que se Calificó y el Promedio de la Calificación de los Ítems de la BAS.

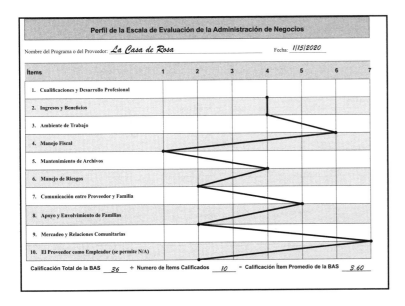

Perfil de la Escala de Evaluación de la Administración de Negocios

Nombre del Programa o del Proveedor: *La Casa de Rosa*   Fecha: *1/15/2020*

Ítems	1	2	3	4	5	6	7
1. Cualificaciones y Desarrollo Profesional							
2. Ingresos y Beneficios							
3. Ambiente de Trabajo							
4. Manejo Fiscal							
5. Mantenimiento de Archivos							
6. Manejo de Riesgos							
7. Comunicación entre Proveedor y Familia							
8. Apoyo y Envolvimiento de Familias							
9. Mercadeo y Relaciones Comunitarias							
10. El Proveedor como Empleador (se permite N/A)							

Calificación Total de la BAS ___*36*___ ÷ Numero de Ítems Calificados ___*10*___ = Calificación Ítem Promedio de la BAS ___*3.60*___

Escala de Evaluación de la Administración de Negocios

Ítems

1. Cualificaciones y Desarrollo Profesional

2. Ingresos y Beneficios

3. Ambiente de Trabajo

4. Manejo Fiscal

5. Mantenimiento de Archivos

6. Manejo de Riesgos

7. Comunicación entre Proveedor y Familia

8. Apoyo y Envolvimiento de Familias

9. Mercadeo y Relaciones Comunitarias

10. El Proveedor como Empleador

1. Cualificaciones y Desarrollo Profesional

Notas

Use la Hoja de Trabajo para las Cualificaciones del Proveedor, en la página 34 para documentar información acerca del nivel de educación más avanzado del proveedor, cursos especializados y entrenamientos, credenciales, y experiencia en el cuidado de los niños en el hogar. Estos datos se pueden usar para calificar los indicadores en las hojas que siguen y para evaluar el primer ítem.

* El entrenamiento de administración o de negocios **puede** incluir:

❏ prácticas de negocios pequeños

❏ contratos

❏ mantenimiento de archivos

❏ planificación fiscal

❏ asuntos legales y de seguros

❏ aplicación de tecnología de negocios

❏ contabilidad

❏ mercadeo

❏ administración de dinero

❏ solicitar fondos

❏ administración de personal

❏ liderazgo y abogacía

❏ otros _____

** Una red es tres o más personas que se reúnen (en persona o a través del Internet) para brindar apoyo mutuo en su trabajo como proveedores de cuidado de niños en el hogar. El propósito principal de la reunión es el apoyo entre compañeros, no el entrenamiento.

*** Una red de proveedores se considera formal si hay reuniones programadas y se mantiene un registro de los procedimientos.

**** Un papel activo significa que el proveedor asiste regularmente a reuniones o forma parte de un comité o grupo de trabajo. Un papel de liderazgo significa que el proveedor preside un evento o comité, sirve en una junta de asesores o funge como oficial.

1. Cualificaciones y Desarrollo Profesional

	1	2	3	4	5	6	7
	Inadecuado		**Mínimo**		**Bueno**		**Excelente**

____ 1.1 El proveedor no tiene diploma de escuela secundaria o certificado de equivalencia de graduación.

____ 3.1 D El proveedor tiene como mínimo un diploma de escuela secundaria o certificado de equivalencia de graduación.

____ 5.1 D El proveedor tiene como mínimo un asociado o 60 horas de estudios universitarios.

____ 7.1 D El proveedor tiene como mínimo un título de bachillerato.

____ 1.2 El proveedor no tiene un CDA corriente, credencial Montessori (primera infancia o bebé y niño pequeño) o un mínimo de 6 horas de estudios universitarios en ECE/CD.

____ 3.2 D El proveedor tiene un CDA corriente, credencial Montessori (primera infancia o bebé y niño pequeño) o un mínimo de 6 horas de estudios universitarios en ECE/CD.

____ 5.2 D El proveedor tiene un mínimo de 15 horas de estudios universitarios en ECE/CD.

____ 7.2 D El proveedor tiene un mínimo de 24 horas de estudios universitarios en ECE/CD.

____ 1.3 El proveedor no asistió a ningún entrenamiento de administración o manejo de negocios.*

____ 3.3 D El proveedor asistió a un mínimo de 5 horas de entrenamiento en administración o manejo de negocios.*

____ 5.3 D El proveedor asistió a un mínimo de 10 horas de entrenamiento en administración o manejo de negocios.

____ 7.3 D El proveedor asistió a un mínimo de 15 horas de entrenamiento de administración o manejo de negocios. *

____ 1.4 El proveedor asistió menos de 15 horas de desarrollo profesional durante el último año.

____ 3.4 D El proveedor asistió a 15 o más horas de desarrollo profesional durante el último año.

____ 5.4 D El proveedor asistió a 30 o más horas de desarrollo profesional durante el último año.

____ 7.4 D El proveedor asistió a 45 o más horas de desarrollo profesional durante el último año.

____ 1.5 El proveedor no tiene apoyo de ningún grupo de colegas.

____ 3.5 El proveedor tiene apoyo a través de una red de proveedores.**

____ 5.5 D El proveedor es miembro de una red formal de proveedores o una asociación de cuidado de niños en el hogar.***

____ 7.5 D El proveedor desempeña un papel activo o de liderazgo en un grupo formal de proveedores o asociación de cuidado de niños en el hogar.****

Justificación:

Ponga un círculo en la calificación final basado en las reglas de calificar que se encuentra en las páginas 5-7.

1   2   3   4   5   6   7

1. Cualificaciones y Desarrollo Profesional

2. Ingresos y Beneficios

Notas

*   Los cobros **pueden** incluir:

☐ colegiatura

☐ cobros por llegar tarde

☐ cuota de inscripción

☐ cobros por cuidado extendido

☐ cobros por servicios especiales

☐ otro _____

N/A **sólo** está permitido cuando las condiciones del contrato para el cuidado prohíben específicamente al proveedor cobrar a las familias cualquier tarifa y **todos** los niños a cuidado del proveedor están sujetos a dicho contrato. La atención contratada se refiere a cuando un proveedor es pagado por una agencia en lugar de la familia para proporcionar cuidado infantil.

**   Los días libres pagados (vacaciones, días por enfermedad, días para desarollo profesional, o días personales) son en adición a **seis** días festivos que comúnmente se observan y son pagados en total por las familias (o la agencia que los patrocina) cuando las horas contratadas caen en esos días. Se requiere **seis** días festivos pagados para recibir crédito por cualquier día adicional de tiempo libre pagado.

Días festivos pagados **pueden** incluir:

☐ Año Nuevo

☐ Día de Martin Luther King

☐ Día del Presidente

☐ Día de Conmemoración

☐ Día de la Independencia

☐ Día del Trabajo

☐ Día de Acción de Gracias

☐ Navidad

☐ Otro _____

***   Un plan de retiro calificado es un plan de ahorro e inversión que cumple con los requisitos del IRS para el tratamiento fiscal favorable (por ejemplo, contribuciones antes de impuestos, ganancias diferidas de impuestos). Un proveedor que recibe beneficios de retiro del seguro social (SSDI) todavía necesita contribuir a un plan de retiro calificado para recibir crédito por este indicador.

2. Ingresos y Beneficios

	1	2		3	4		5	6		7
	Inadecuado			**Mínimo**			**Bueno**			**Excelente**

___ 1.1 El proveedor no ha aumentado o agregado una nueva tarifa cobrada a las familias en los últimos tres años (se permite N/A).*

___ 3.1 D El proveedor ha aumentado o agregado una nueva tarifa cobrada a las familias en los últimos tres años (se permite N/A).*

___ 5.1 D El proveedor ha aumentado o agregado una nueva tarifa cobrada a las familias en los últimos dos años (se permite N/A).*

___ 7.1 D El proveedor ha aumentado o agregado una nueva tarifa cobrada a las familias en cada uno de los últimos tres años (se permite N/A).*

___ 1.2 El proveedor no recibe por lo menos 6 días festivos pagados al año.**

___ 3.2 D El proveedor contrata con familias (o agencia patrocinadora para cuidado contratado) para recibir un mínimo de 3 días **adicionales** de tiempo libre pagado por año.**

___ 5.2 D El proveedor contrata con familias (o agencia patrocinadora) para recibir un mínimo de 5 días **adicionales** de tiempo libre pagado por año.**

___ 7.2 D El proveedor contrata con familias (o agencia patrocinadora para el cuidado contratado) para recibir un mínimo de 10 días **adicionales** de tiempo libre pagado por año.**

___ 1.3 El proveedor no tiene seguro de salud.

___ 3.3 D El proveedor tiene seguro de salud para ella/el y sus niños dependientes.

___ 5.3 D El proveedor, en el último año, ha hecho contribuciones a un fondo para su retiro.***

___ 7.3 D El proveedor tiene seguro de ingresos por discapacidad.

Justificación:

Ponga un círculo en la calificación final basado en las reglas de calificar que se encuentra en las páginas 5-7.

1   2   3   4   5   6   7

2. Ingresos y Beneficios

3. Ambiente de Trabajo

Notas

En un programa de cuidado de niños en el hogar, el espacio para el cuidado de los niños puede estar restringido a una área designada de la casa (por ejemplo, sótano, garaje adjunto o adición a la casa) o puede incluir todo o la mayoría del espacio de la casa.

*   El uso doble del espacio puede considerarse adecuado para cumplir con las necesidades tanto de los niños inscritos como de la familia del proveedor si los juguetes, el equipo y los materiales pueden taparse y/o almacenarse al final de la parte del día dedicada al cuidado.

**   El espacio definido para oficina **debe** incluir:

❐ un escritorio para adulto o un lugar de trabajo

❐ una silla para adultos

❐ un lugar para guardar los archivos

*** El espacio de cuidado infantil **debe** incluir una o más piezas de muebles de tamaño adulto diseñados principalmente para la comodidad. Una silla plegable o silla de escritorio **no** cumple con este criterio.

**** La postura y los movimientos del proveedor demuestran la facilidad de acceso a los materiales almacenados para el cuidado de los niños. El proveedor puede agarrar y remover completamente los objetos almacenados sin ponerse en la punta de los dedos de los pies o usar una silla, banquito o escalera.

3. Ambiente de Trabajo

1	2	3	4	5	6	7
Inadecuado		**Mínimo**		**Bueno**		**Excelente**

___ 1.1 El espacio es inadecuado para cumplir con las necesidades tanto de los niños inscritos como de la familia del proveedor.*

___ 3.1 Hay espacio adecuado para
O cumplir con las necesidades tanto de los niños inscritos como de la familia del proveedor.*

___ 5.1 Hay un espacio definido de
O oficina para llevar a cabo el negocio de cuidado de niños en el hogar.**

___ 7.1 El espacio definido para la
O oficina está equipado con una computadora, impresora, fotocopiadora y acceso al Internet que funcionen.**

___ 1.2 No hay una silla para adultos, mecedora o sofa disponibles en el área para el cuidado de niños en el hogar.***

___ 3.2 Hay una silla para adultos,
O mecedora o sofá disponibles en el área para el cuidado de niños en el hogar.***

___ 5.2 Hay luz natural a través de una
O ventana o tragaluz en el área para el cuidado de niños en el hogar.

___ 7.2 El espacio para almacenar en el
O área de cuidado de los niños en el hogar está a una altura que promueve la salud y seguridad del proveedor.****

Justificación:

Ponga un círculo en la calificación final basado en las reglas de calificar que se encuentra en las páginas 5-7.

1   2   3   4   5   6   7

3. Ambiente de Trabajo

4. Manejo Fiscal

Notas

* Un presupuesto operativo es una proyección o plan para la cantidad de dinero que hará (ingresos) el negocio de cuidado infantil y la cantidad de dinero que se gastará (gastos) para operar el negocio de cuidado infantil durante el año fiscal.

** Las prácticas que promueven un flujo adecuado de dinero **pueden** incluir:

❑ provisiones para que las familias hagan depósitos directos o pagos electrónicos

❑ póliza y/o procedimiento claro en cuanto al cobro de pagos o colegiaturas atrasadas

❑ póliza y/o procedimiento claro con respecto a la terminación del contrato debido a colegiaturas/cuotas no pagadas

❑ una factura o formato de negocios que se utiliza para reportar las colegiaturas o cuotas que se deben

❑ proyecciones trimestrales de flujo de dinero en efectivo (ingresos y gastos previstos resumidos a intervalos de tres meses y desarrollados del presupuesto operativo)

❑ otras _____

*** Un preparador de impuestos calificado se refiere a un contador público certificado (CPA), un agente inscrito (EA) u otro preparador de impuestos con experiencia en impuestos de cuidado de niños en el hogar.

**** Los tipos de gastos **pueden** incluir:

❑ comida

❑ juguetes

❑ materiales

❑ renta

❑ intereses hipotecarios

❑ utilidades (electricidad, agua, gas, teléfono, etc.)

❑ depreciación

❑ automóvil

❑ impuesto sobre la propiedad

❑ otro _____

Si se incorpora el negocio de un proveedor, él o ella llenaría cualquiera de los Formularios 1120 o 1120S. Si el proveedor se incorpora como una sola persona LLC, entonces los formularios de impuestos a llenar son los mismos que para un propietario único (Formulario 1040 Schedule C; Formulario 8829). Si un proveedor está configurado como una asociación, el formulario de impuestos para presentar es el Formulario 1065.

4. Manejo Fiscal

	1	2	3	4	5	6	7
	Inadecuado		**Mínimo**		**Bueno**		**Excelente**

___ 1.1 No se dispone de un presupuesto operativo para el año en curso. *

___ 3.1 D Hay un presupuesto de operaciones disponible para el año en curso.*

___ 5.1 D El presupuesto de operaciones para el año en curso tiene desglose por línea y por ítem para los ingresos y gastos.

___ 7.1 D El presupuesto de operaciones para el año en curso proyecta una ganancia.

___ 1.2 No hay una póliza que requiere el pago de colegiaturas y/o cuotas por adelantado.

___ 3.2 D Hay una póliza por escrito que requiere el pago de colegiatura y/o cuotas por adelantado (ej., se paga el lunes por la semana en curso).

___ 5.2 D Hay dos o más prácticas que proveen el flujo adecuado del dinero. **

___ 7.2 D Hay tres o más prácticas que proveen el flujo adecuado del dinero. **

___ 1.3 No hay revisión de los archivos de contabilidad.

___ 3.3 D Hay una revisión mensual de los archivos de contabilidad (ej. una reconciliación del estado de cuenta bancaria).

___ 5.3 D El proveedor consulta con un preparador calificado de impuestos para asegurarse de estar cumpliendo con los requisitos de declaraciones y pagos de impuestos.***

___ 7.3 D Los ingresos y los gastos se contabilizan en periodos trimestrales y se comparan con las proyecciones trimestrales de flujo de efectivo.

___ 1.4 El proveedor no declara los ingresos al IRS.

___ 3.4 D El proveedor declara los ingresos al IRS.

___ 5.4 D El proveedor solicita que se le reembolsen por lo menos tres tipos de gastos en el Formulario 1040 Schedule C del IRS.****

___ 7.4 D El proveedor solicita que se le reembolsen cinco o más tipos de gastos en el Formulario 1040 Schedule C del IRS.****

Justificación:

Ponga un círculo en la calificación final basado en las reglas de calificar que se encuentra en las páginas 5-7.

1   2   3   4   5   6   7

4. Manejo Fiscal

5. Mantenimiento de Archivos

Notas

*   La declaración de fin de año **deberá** incluir:

- ❏ identificación federal de impuestos o el número de seguro social del proveedor

- ❏ los nombres de los niños a quienes se les proporcionó el cuidado y la cantidad total de dinero que se recibió para cuidarlos.

- ❏ los meses durante los cuales se proporcionó cuidado durante el año anterior.

- ❏ las firmas de los padres de familia y el proveedor

**   El Programa de Comidas para el Cuidado de Niños y Adultos (CACFP por sus siglas en inglés), un programa del Departamento de Agricultura de EE.UU., reembolsa a los proveedores del cuidado de niños si se les sirve comida nutritiva a niños menores de 13 años. Las comidas que se les sirva a niños mayores de 13, o que no se consideran "admisibles" por el CACFP (ej. pastel de cumpleaños), también deben registrarse y contarse como deducibles de impuestos.

*** Los gastos están relacionados 100% con el negocio si son para materiales o servicios que se utilizan exclusivamente en el negocio de cuidado de niños en el hogar. Algunos ejemplos de gastos exclusivos **pueden** incluir:

- ❏ materiales
- ❏ juguetes
- ❏ equipo
- ❏ publicidad
- ❏ servicios profesionales

- ❏ cuotas de asociación
- ❏ otros _____

Los gastos se comparten si son para materiales o servicios que se utilizan en el negocio de cuidado de niños en el hogar y también son utilizados personalmente por la familia del proveedor. Algunos ejemplos de gastos compartidos **pueden** incluir:

- ❏ comida
- ❏ papel de baño
- ❏ artículos de limpieza y lavandería
- ❏ muebles
- ❏ juguetes
- ❏ intereses hipotecarios/renta
- ❏ utilidades
- ❏ seguro para el hogar
- ❏ impuestos de bienes raíces
- ❏ reparaciones del hogar
- ❏ mantenimiento del exterior
- ❏ otro_____

**** El porcentaje de Tiempo-Espacio se refiere al cálculo utilizado para determinar la deducción de impuestos permitida para el uso de negocios del hogar del proveedor. El porcentaje Tiempo-Espacio se pone en el Formulario 8829 de IRS Gastos para el Uso de Su Hogar como Negocio. (N/A solo se permite si la empresa tiene un estatus legal que no sea propietario único o una sola persona LLC).

5. Mantenimiento de Archivos

	1	2	3	4	5	6	7
	Inadecuado		**Mínimo**		**Bueno**		**Excelente**

___ 1.1 El proveedor no lleva la cuenta de las colegiaturas, cuotas y otros ingresos que recibe.

___ 3.1 El proveedor lleva la cuenta de
D las colegiaturas, cuotas y otros ingresos que recibe.

___ 5.1 El proveedor proporciona a las
D familias una declaración de fin de año de las colegiaturas y/o las cuotas pagadas.*

___ 7.1 El proveedor proporciona a las
D familias un recibo por cada pago de colegiatura y/o cuotas.

___ 1.2 El proveedor no lleva la cuenta del número de comidas y refrigerios/meriendas servidas a los niños.

___ 3.2 El proveedor lleva la cuenta del
D número de comidas y refrigerios/ meriendas servidas a los niños.

___ 5.2 El proveedor participa en el
D Programa de Comidas y envía reportes mensuales de las comidas y refrigerios/meriendas que se les sirve a los niños y son reembolsables.**

___ 7.2 El proveedor lleva la cuenta de las
D comidas y refrigerios/meriendas que les sirve a los niños y que no son reembolsables.**

___ 1.3 El proveedor no lleva la cuenta de las horas de cuidado en el hogar.

___ 3.3 El proveedor lleva la cuenta de las
D horas de cuidado en el hogar.

___ 5.3 El proveedor lleva la cuenta
D de las horas irregulares o no programadas de cuidado en el hogar (ej. el niño pasa la noche, lo dejan temprano, lo recogen tarde).

___ 7.3 El proveedor lleva la cuenta de las
D horas trabajadas para el negocio en el hogar cuando los niños no están presentes (ej. pago de recibos, limpieza, planeación de currículo).

___ 1.4 El proveedor no lleva la cuenta de los gastos del negocio.

___ 3.4 El proveedor lleva la cuenta de
D los gastos relacionados 100% con el negocio.***

___ 5.4 El proveedor lleva la cuenta de
D los gastos compartidos asociados con el uso del hogar como negocio.***

___ 7.4 El proveedor ha reportado el
D Porcentaje del Tiempo-Espacio de los gastos compartidos asociados con el uso del hogar como negocio.****

Justificación:

Ponga un círculo en la calificación final basado en las reglas de calificar que se encuentra en las páginas 5-7.

1	2	3	4	5	6	7

5. Mantenimiento de Archivos

6. Manejo de Riesgos

Notas

* Las pólizas escritas que reducen el riesgo de situaciones de emergencia **pueden** incluir procedimientos escritos a seguir en caso de:

- ❐ incendio
- ❐ tormenta severa o desastre natural
- ❐ falla de electricidad
- ❐ accidente
- ❐ intruso
- ❐ otra _____

Los procedimientos que reducen el riesgo de acusaciones de abuso y negligencia de menores **pueden** incluir:

- ❐ implementar la póliza de puerta abierta
- ❐ notificar a la familia con respecto a accidentes menores que involucran a niños
- ❐ implementar revisiones diarias de salud
- ❐ mantener un registro de las llegadas y salidas
- ❐ otro_____

Las pólizas escritas para mantener la seguridad de las personas, la propiedad, el equipo y los materiales **pueden** incluir procedimientos escritos para garantizar:

- ❐ se siguen las precauciones universales
- ❐ el reemplazo anual de las baterías de los detectores de incendio
- ❐ servicio annual del extinguidor de incendios
- ❐ rutina para esterilizar los juguetes
- ❐ formularios de permiso firmados por familias autorizando cada viaje fuera del hogar

- ❐ Los niños no son entregados a cualquier persona que parezca estar bajo la influencia del alcohol o las drogas
- ❐ Los niños no son entregados a cualquier persona que transporte a niños sin un asiento para niños o cinturón de seguridad apropiado
- ❐ otra _____

** Un plan de manejo de riesgos por escrito es una carpeta o cuaderno que contiene las pólizas y procedimientos escritos que reducen el riesgo. El plan de manejo de riesgos puede ser parte de una carpeta o manual, pero **debe** estar claramente etiquetado como "plan de manejo de riesgos".

*** La información de emergencia **debe** incluir los números de las familias durante el dia y cualquier alergia y/o condición médica de los niños (el crédito no se recibe si la información se almacena solo en un dispositivo electrónico).

**** El seguro de responsabilidad civil de negocios proporciona cobertura para accidentes y demandas contra el negocio de cuidado de niños en el hogar. El seguro de responsabilidad civil integral para negocios **debe** proporcionar cobertura para:

- ❐ responsabilidad profesional (ej. incumplimiento para satisfacer las normas de cuidado; incumplimiento de supervisión)
- ❐ defensa legal en el caso de una demanda legal
- ❐ abuso infantil (tanto físico como sexual)
- ❐ costos médicos de un niño o padre de familia herido
- ❐ lesión personal
- ❐ accidentes que ocurran fuera del hogar (ej. excursiones, caminatas)

6. Manejo de Riesgos

	1	2	3	4	5	6	7
	Inadecuado		Mínimo		Bueno		Excelente

___ 1.1 No existen pólizas por escrito que reducen riesgos.*

___ 3.1 Hay un mínimo de tres pólizas por escrito que reducen riesgos.*
D

___ 5.1 Hay un mínimo de cinco pólizas por escrito que reducen riesgos.*
D

___ 7.1 Hay un plan de manejo de riesgos por escrito que se revisa anualmente.**
D

___ 1.2 El formulario de inscripción no pide los nombres ni la información de contacto de los individuos autorizados para recoger a los niños.

___ 3.2 El formulario de inscripción pide los nombres y la información de contacto de los individuos autorizados para recoger a los niños.
D

___ 5.2 Se verifica la identificación de cada persona desconocida que recoja a los niños.
D

___ 7.2 Los niños pueden salir del programa con una persona que no esté autorizada en el formulario de inscripción solamente con un aviso escrito escrito y firmado por adelantado.
D

___ 1.3 Durante el último año, los simulacros de incendio no se practicaron por lo menos una vez al mes.

___ 3.3 Durante el último año, se practicaron simulacros de incendios y desastres por lo menos una vez al mes.
D

___ 5.3 Los archivos de los simulacros de incendios y desastres de los últimos doce meses están puestos a la vista de las familias.
O

___ 7.3 Los archivos de simulacros de incendios y desastres puestos a la vista incluyen la duración de los simulacros y las anotaciones de las mejoras que se necesitan implementar.
D

___ 1.4 No hay un teléfono que funciona (una línea telefónica fija ni un celular).

___ 3.4 Hay un teléfono que funciona y hay números telefónicos de emergencia a la vista, incluyendo el 911, control de envenenamientos y números telefónicos de los padres durante el día (puede estar exhibida de manera confidencial).
O

___ 5.4 La información de emergencia es portátil y el proveedor la lleva consigo cada vez que los niños salen a caminar, van a excursiones o son trasladados.***
O

___ 7.4 Hay información puestas a la vista con respecto a las alergias de los niños y dos contactos de respaldo para las familias (puede estar exhibida de manera confidencial).
O

___ 1.5 El proveedor no tiene seguro de responsabilidad de negocios.****

___ 3.5 El proveedor tiene seguro de responsabilidad de negocios.****
D

___ 5.5 El proveedor tiene seguro de responsabilidad de negocios de amplia cobertura.****
D

___ 7.5 El proveedor tiene seguro de propiedad de negocio y un seguro comercial de auto, si el proveedor transporta niños.
D

Justificación:

Ponga un círculo en la calificación final basado en las reglas de calificar que se encuentra en las páginas 5-7.

1   2   3   4   5   6   7

6. Manejo de Riesgos

7. Comunicación entre Proveedor y Familia

Notas

* Pólizas escritas del programa **pueden** incluir:

- ❏ disciplina y orientación
- ❏ reportes obligatorios de abuso y negligencia de menores
- ❏ rutina diaria
- ❏ artículos que deben proporcionar las familias (ej. pañales, leche en polvo, mudas de ropa)
- ❏ enfermedades que padecen los niños
- ❏ entrega y recogida de niños
- ❏ excursiones
- ❏ cierre en caso de emergencia
- ❏ evaluación del desarrollo
- ❏ recoger a los niños tarde/después de horas establecidas
- ❏ celebraciones
- ❏ reporte de accidentes
- ❏ evaluación anual por las familias
- ❏ otras

** La documentación puede ser un formulario de inscripción proporcionado por el estado además de un formulario suplementario desarrollado por el proveedor. El formulario de antecedentes **debe** incluir:

- ❏ historial del desarollo del niño
- ❏ condiciones médicas crónicas y alergias

- ❏ fortalezas del niño, sus gustos y disgustos
- ❏ preferencias de los padres en cuanto a la crianza de los niños (ej. dieta, hábitos de dormir, la disciplina e higiene).

*** Se determina a buen ajuste mediante un intercambio personal de información durante el cual el proveedor explica las condiciones del contrato de inscripción y las pólizas del programa. El proveedor comparte ejemplos de menús e información de contacto para dos o más referencias.

**** Métodos de comunicación **pueden** incluir:

- ❏ conversaciones en persona
- ❏ boletines
- ❏ tablero de anuncios
- ❏ notas enviadas a casa con los niños
- ❏ sitio de internet
- ❏ correo electrónico
- ❏ llamadas telefónicas
- ❏ mensaje de texto
- ❏ redes sociales
- ❏ otro_____

1	2	3	4	5	6	7
Inadecuado		Mínimo		Bueno		Excelente

___ 1.1 No existe un contrato escrito entre el proveedor y la familia (o entre el proveedor y la agencia patrocinadora) que pague los servicios del cuidado de niños.

___ 3.1 D Existe un contrato escrito entre el proveedor y la familia (o entre el proveedor y la agencia patrocinadora) que paga los servicios del cuidado de niños.

___ 5.1 D El contrato escrito incluye los nombres del proveedor y la familia (o agencia patrocinadora) en el cuerpo del contrato, las horas de cuidado, las condiciones de pago, todas las tarifas adicionales, los procedimientos para terminar el contrato y la firma de ambas partes.

___ 7.1 D El contrato escrito también incluye información acerca de las tarifas durante las ausencias del proveedor (ej. días de enfermedad/ personales, días festivos y días de vacaciones), las vacaciones de la familia y las faltas del niño.

___ 1.2 No se proporcionan pólizas del programa por escrito a las familias.*

___ 3.2 D Hay por lo menos cinco pólizas escritas del programa proporcionadas a las familias.*

___ 5.2 D Hay por lo menos siete pólizas escritas del programa proporcionadas a las familias.*

___ 7.2 D Se proporciona a las familias un manual familiar que contiene al menos nueve pólizas y también incluye la filosofía, las metas y el currículo del programa.*

___ 1.3 No hay un formulario de entrada que se utilice para documentar los antecedentes del niño y su familia.

___ 3.3 D Después de que se inscribe un niño, se utiliza un formulario de entrada para documentar los antecedentes del niño y de su familia.**

___ 5.3 D Antes de tomar la decisión de inscribir al niño, se hace un esfuerzo por determinar si habrá un buen ajuste entre el proveedor y la familia.***

___ 7.3 D El proceso de inscripción incluye más de una visita de la familia y el niño, proporcionando una transición gradual.

___ 1.4 El proveedor no habla el idioma principal de las familias ni utiliza recursos para comunicarse.

___ 3.4 D El proveedor habla el idioma principal de las familias o utiliza recursos para comunicarse.

___ 5.4 D El proveedor se comunica con las familias utilizando cinco o más métodos de comunicación.****

___ 7.4 D El proveedor se comunica con las familias utilizando siete o más métodos de comunicación.****

Justificación:

Ponga un círculo en la calificación final basado en las reglas de calificar que se encuentra en las páginas 5-7.

1   2   3   4   5   6   7

7. Comunicación entre Proveedor y Familia

8. Apoyo y Envolvimiento de Familias

Notas

* Ejemplos de recursos comunitarios **pueden** incluir:

- ❏ agencia de recursos y referencias de cuidado de niños
- ❏ el departamento recreativo de la ciudad
- ❏ la biblioteca pública
- ❏ la autoridad de viviendas
- ❏ el centro de recursos para familias
- ❏ la línea telefónica de ayuda para crisis
- ❏ Easter Seals
- ❏ las clínicas de salud pública
- ❏ YMCA/YWCA
- ❏ el centro de reciclaje
- ❏ la orientación de crédito para el consumidor
- ❏ el Seguro Social
- ❏ Child Find o los servicios de evaluación del desarrollo disponibles a través de organizaciones de intervención temprana locales y de escuela públicas
- ❏ otro_____

** Los apoyos **pueden** incluir:

- ❏ créditos fiscales
- ❏ subsidios estatales para cuidado de niños en el hogar
- ❏ subsidio privado para cuidado de niños (escala de tarifas; colegiatura con descuento para el segundo hijo)
- ❏ beneficios por parte del empleador para cuidado de niños.
- ❏ otro_____

*** Los temas de desarrollo del niño y los temas de crianza **pueden** incluir:

- ❏ lenguaje/alfabetismo
- ❏ desarrollo cerebral
- ❏ preparación para la escuela
- ❏ orientación y disciplina
- ❏ niños delicados para comer
- ❏ comportamiento difícil
- ❏ la rivalidad entre hermanos
- ❏ otro_____

**** Los eventos organizados por el proveedor **pueden** incluir:

- ❏ reunión familiar (discusión de tema)
- ❏ celebración de días festivos
- ❏ día de trabajo de la familia
- ❏ convivios
- ❏ excursiones o paseos
- ❏ otro_____

8. Apoyo y Envolvimiento de Familias

1	2	3	4	5	6	7
Inadecuado		**Mínimo**		**Bueno**		**Excelente**

___ 1.1 El proveedor no tiene información descriptiva con respecto a recursos comunitarios para compartir con las familias.*

___ 3.1 D El proveedor tiene información descriptiva con respecto a un mínimo de dos recursos comunitarios para compartir con las familias.*

___ 5.1 D El proveedor tiene información descriptiva con respecto a un mínimo de cuatro recursos comunitarios para compartir con las familias, incluyendo servicios de evaluación del desarrollo del niño.*

___ 7.1 D El proveedor tiene información descriptiva para compartir con las familias acerca de los apoyos para ayudar a reducir los costos de cuidado de niños. **

___ 1.2 El proveedor no comparte información por escrito con familias sobre temas relacionados con el desarrollo o la crianza de niños.***

___ 3.2 D El proveedor comparte información por escrito con familias sobre temas relacionados con el desarrollo o la crianza de niños.***

___ 5.2 D El proveedor se reúne individualmente (en persona, charla en video, o teléfono) con las familias por lo menos una vez al año para discutir el progreso de sus niños y establecer metas mutuamente.

___ 7.2 D El proveedor se reúne individualmente (en persona, charla en video, o teléfono) con las familias por lo menos dos veces al año para discutir el progreso de sus niños y establecer metas mutuamente.

___ 1.3 El proveedor no facilita eventos para que las familias construyan comunidad.****

___ 3.3 D El proveedor facilita por lo menos dos eventos al año para que las familias construyan comunidad.****

___ 5.3 D Las familias participan en una actividad rutinaria del programa (ej. leyendo un libro, ayudando con un proyecto de cocina).

___ 7.3 D Las familias participan en una actividad de aprendizaje en la casa que el proveedor pone a su disposición (ej. biblioteca para prestar libros, actividades, juegos, o rompecabezas que las familias y niños puedan hacer juntos).

Justificación:

Ponga un círculo en la calificación final basado en las reglas de calificar que se encuentra en las páginas 5-7.

1   2   3   4   5   6   7

8. Apoyo y Envolvimiento de Familias

9. Mercadeo y Relaciones Comunitarias

Notas

* Las herramientas de relaciones públicas **pueden** incluir:

❑ volantes

❑ folletos

❑ tarjetas de presentación

❑ logo

❑ papelería con membrete

❑ boletín

❑ página de internet

❑ pancarta

❑ artículos promocionales (ej. camisetas, tazas, imanes, plumas)

❑ letrero

❑ redes sociales

❑ otra _____

** Seguro y acogedor significa que el exterior de la casa parece estar en buena reparación (por ejemplo, no hay pintura descamada, ventana rota o pantalla rota) y el interior de la casa parece estar limpio, despejado y libre de olores desagradables.

*** El proveedor se involucra con organizaciones de la comunidad que **no** están enfocadas en la atención temprana y la educación o el cuidado de niños en el hogar. Algunos ejemplos de organizaciones cívicas, empresariales o basadas en la fe de la comunidad **pueden** incluir:

❑ Rotary International

❑ United Way

❑ Cámara de Comercio

❑ Liga de Mujeres Votantes

❑ YWCA/YMCA

❑ iglesia, sinagoga, mezquita, templo

❑ PTA/PTO

❑ escuela primaria, media o secundaria

❑ ayuntamiento o alcaldía

❑ biblioteca pública

❑ departamento de recreación

❑ otra _____

**** Un papel **activo** significa que el proveedor asiste con regularidad a las juntas o forma parte de un comité o grupo de trabajo. Un papel de **liderazgo** significa que el proveedor preside un evento o comité, es miembro de una junta de asesores, o funge como oficial.

9. Mercadeo y Relaciones Comunitarias

1	2	3	4	5	6	7
Inadecuado		**Mínimo**		**Bueno**		**Excelente**

___ 1.1 El proveedor no utiliza herramientas de relaciones públicas.*

___ 3.1 D El proveedor utiliza por lo menos dos herramientas de relaciones públicas.*

___ 5.1 D El proveedor utiliza por lo menos cuatro herramientas de relaciones públicas.*

___ 7.1 D El proveedor utiliza seis o más herramientas de relaciones públicas.*

___ 1.2 El proveedor no cuenta con correo de voz o contestador automático que grabe las llamadas durante las horas del cuidado de niños.

___ 3.2 O El proveedor cuenta con correo de voz o contestador automático que grabe las llamadas durante las horas del cuidado de niños.

___ 5.2 D El proveedor mantiene un registro de las llamadas y responde a las solicitudes de clientes potenciales dentro de un día de trabajo.

___ 7.2 D El proveedor mantiene un registro de todos los clientes potenciales que solicitan y qué medidas de seguimiento se toman.

___ 1.3 El hogar del proveedor no aparenta ser seguro ni acogedor.**

___ 3.3 O El hogar del proveedor aparenta ser seguro y acogedor.**

___ 5.3 O Las credenciales del proveedor y/o evidencia de entrenamientos están a la vista (ej. tablero de anuncios, portafolio).

___ 7.3 O El proveedor utiliza una pantalla visual (libro de recuerdos, tablero de anuncios o álbum de fotos) que demuestra los beneficios del programa.

___ 1.4 El proveedor no asiste al menos a dos eventos por año patrocinados por una o más organizaciones de la comunidad.***

___ 3.4 El proveedor asiste a dos o más eventos por año patrocinados por una o más organizaciones de la comunidad.***

___ 5.4 D El proveedor desempeña un papel activo en al menos una organización en la comunidad.****

___ 7.4 D El proveedor desempeña un papel de liderazgo en al menos una organización en la comunidad.****

Justificación:

Ponga un círculo en la calificación final basado en las reglas de calificar que se encuentra en las páginas 5-7.

1	2	3	4	5	6	7

9. Mercadeo y Relaciones Comunitarias

10. El Proveedor como Empleador (se permite N/A)

Notas

Con el propósito de completar la BAS, un proveedor se considera un empleador si él o ella tiene que pagar a una persona para realizar servicios de cuidado de niños en el hogar y dirige a esa persona en los detalles de cómo se debe realizar el trabajo de cuidado de niños en el hogar.

Si el proveedor ha empleado a un asistente y/o sustituto en cualquier momento durante los últimos 12 meses, entonces el Artículo 10 debe ser calificado y puntuado incluso si el asistente y/o sustituto ha dejado el programa.

Un **asistente** trabaja bajo la supervisión del proveedor y no se deja a cargo de los niños a menos que cumpla con todos los requisitos de un sustituto.

Un **sustituto** es una persona que se deja a cargo de los niños cuando el proveedor está ausente y cumple con todos los requisitos de licencia o registro.

*   Al calificar 1.2-7.2, solo considere los sustitutos que trabajan 20 o más horas al mes. Se permite N/A al calificar 1.2-7.2 si el proveedor no emplea asistentes, pero sí emplea uno o más sustitutos, todos trabajando menos de 20 horas al mes.

**   Hay reglas especiales que pueden aplicarse cuando el empleado es el hijo/a del proveedor. Por ejemplo, si el niño/a empleado tiene menos de 18 años, su salario no está sujeto a los impuestos del Seguro Social o Medicare. Sin embargo, el proveedor todavía debe presentar el Formulario 941 o el Formulario 944 para reportar salarios y emitir el Formulario W-2 y el Formulario W-3 para reportar los salarios anuales pagados incluso si no hay impuestos sobre la nómina adeudados.

10. El Proveedor como Empleador (se permite N/A)

1	2	3	4	5	6	7
Inadecuado		Mínimo		Bueno		Excelente

___ 1.1 No hay orientación para asistentes y/o sustitutos.

___ 3.1 La orientación de los asistentes y/o sustitutos incluye una revisión de las responsabilidades y las pólizas y los procedimientos del programa.

___ 5.1 La orientación de los asistentes y/o sustitutos incluye el conocer a los niños y a las familias antes de asumir las responsabilidades.
D

___ 7.1 La orientación de los asistentes y/o sustitutos incluye el que reciban una descripción escrita del trabajo y las pólizas y procedimientos del programa por escrito.
D

___ 1.2 El proveedor no se reúne con asistentes y/o sustitutos para compartir observaciones y planear actividades en conjunto (se permite N/A).*

___ 3.2 El proveedor se reúne al menos cada trimestre con asistentes y/o sustitutos para compartir observaciones y planear actividades en conjunto (se permite N/A).*
D

___ 5.2 El proveedor se reúne al menos cada mes con los asistentes y/o sustitutos para compartir observaciones y planear actividades en conjunto (se permite N/A).*
D

___ 7.2 El proveedor se reúne al menos cada mes con los asistentes y/o sustitutos cuando los niños no están presentes para compartir observaciones y planear actividades en conjunto (se permite N/A).*
D

___ 1.3 El proveedor no le paga a los asistentes y/o sustitutos por lo menos el salario mínimo federal (o el salario mínimo estatal o local si existe).

___ 3.3 El proveedor le paga a los asistentes y/o sustitutos por lo menos el salario mínimo federal (o el salario mínimo estatal o local si existe), lleva a cabo las retenciones de impuestos federales y paga la parte correspondiente al empleador de los impuestos del Seguro Social y Medicare.**
D

___ 5.3 El proveedor paga por el seguro de compensación del trabajador que cubre a los asistentes y/o sustitutos.
D

___ 7.3 Hay un acuerdo de empleo por escrito o escala de salario para los asistentes y/o sustitutos identificando un sueldo basado en las responsabilidades de trabajo, nivel educativo o entrenamiento y experiencia.
D

Justificación:

Ponga un círculo en la calificación final basado en las reglas de calificar que se encuentra en las páginas 5-7.

1   2   3   4   5   6   7   N/A

10. El Proveedor como Empleador (se permite N/A)

Formularios de la Escala de Evaluación de la Administración de Negocios

Documentos a Revisar

Hoja de Trabajo para las Cualificaciones del Proveedor

Formulario de Resumen de los Ítems

Perfil de la Escala de Evaluación de la Administración de Negocios

Documentos a Revisar

Para prepararse para la evaluación de la BAS, tenga a la mano los siguientes documentos relacionados a su programa de cuidado en el hogar. Marque sí o no indicando si usted tiene o no cada documento. **Por favor, tome en cuenta que no es necesario tener todos los documentos en esta lista.**

Ítem	Documento	Proveedor		Verificación del Asesor
		Sí	No	
1	Credenciales y transcripciones de cursos universitarios	☐	☐	☐
	Certificados de asistencia o registros de desarrollo profesional que indiquen entrenamientos de negocio	☐	☐	☐
	Certificados de asistencia o registros de desarrollo profesional que indiquen entrenamiento durante el último año	☐	☐	☐
	Evidencia de membrecía; o un rol activo de liderazgo en una red o asociación formal de proveedores de cuidado de niños	☐	☐	☐
2	Evidencia de colegiatura o cuota o introducción de un nuevo aumento de la tarifa en los últimos tres años	☐	☐	☐
	Contrato familiar (o contrato con la agencia que patrocina)	☐	☐	☐
	Evidencia de beneficios del proveedor (seguro de salud para sí mismo y cualquier niño dependiente, plan de retiro, seguro de ingresos por incapacidad)	☐	☐	☐
4	Presupuesto de operaciones para el año en curso	☐	☐	☐
	Evidencia de prácticas que preven un flujo de efectivo adecuado (por ejemplo, pago requerido antes del servicio, acciones tomadas en respuesta a pagos atrasados, proyecciones trimestrales de flujo de efectivo)	☐	☐	☐
	Evidencia de reconciliación mensual de la cuenta bancaria; estado de ingresos y gastos mensuales	☐	☐	☐
	Estado trimestral de ingresos y gastos	☐	☐	☐
	Evidencia de consulta anual con preparador de impuestos cualificado en relación con la responsabilidad fiscal (dentro de los últimos 12 meses)	☐	☐	☐
	Los reportes de impuestos reclamando gastos del negocio (ej., Formulario 1040, Schedule C; Formulario 1120, 1120S	☐	☐	☐
5	Registro de los ingresos recibidos, recibos dados a las familias por cada pago de colegiaturas/cuotas y la declaración anual de pagos de colegiaturas/cuotas pagadas	☐	☐	☐
	Documentación del número de comidas y refrigerios servidos; informes mensuales al Programa de Alimentación (CACFP)	☐	☐	☐
	Registro de horas de cuidado de niños trabajadas, las horas trabajadas en el hogar cuando los niños no estan presentes	☐	☐	☐
	Registro de los gastos relacionados con la empresa y la documentación del porcentaje de tiempo-espacio utilizado (IRS Formulario 8829)	☐	☐	☐

Ítem	Documento	Proveedor		Verificación del Asesor
		Sí	**No**	
6	Plan de manejo de riesgos o pólizas/procedimientos escritos que reducen el riesgo de hacer negocios (ej. qué hacer en diferentes situaciones de emergencia, como reducir el riesgo de alegaciones de abuso infantil, como evitar la propagación de enfermedades, procedimientos para la entrega de los niños del programa)	☐	☐	☐
	Formulario de inscripción	☐	☐	☐
	Documentación de simulacros de emergencia (últimos 12 meses)	☐	☐	☐
	Pólizas de seguros del negocio (ej. la responsabilidad de negocio, propiedad de negocio y seguro comercial de automóvil)	☐	☐	☐
7	Contrato o manual de pólizas escritas del programa para las familias	☐	☐	☐
	Formulario de inscripción que documente los antecedentes del niño y su familia	☐	☐	☐
	Materiales escritos para familias interesadas en inscribir a su niño (ej. menú, referencias)	☐	☐	☐
	Notas, textos, correo electrónico y otros medios para comunicarse con las familias	☐	☐	☐
8	Materiales escritos acerca de los recursos de la comunidad para las familias; incluyendo exámenes de desarrollo	☐	☐	☐
	Información escrita sobre créditos fiscales, subsidios de cuidado de niños, y/o beneficios de cuidado infantil del empleador	☐	☐	☐
	Información escrita disponible para las familias acerca del desarrollo infantil y preguntas acerca de temas de crianza	☐	☐	☐
	Documentación de las conferencias con las familias, reuniones familiares y eventos sociales (últimos 12 meses)	☐	☐	☐
	Evidencia de que las familias participan en actividades rutinarias del programa y/o actividad de aprendizaje en el hogar	☐	☐	☐
9	Herramientas de relaciones públicas (ej. artículos de papelería, volantes, folletos, boletines, camisetas)	☐	☐	☐
	Registro fechado de las solicitudes de inscripción y las medidas de seguimiento tomadas	☐	☐	☐
	Evidencia de participación con organizaciones de la comunidad que no están enfocadas en la atención temprana y la educación o el cuidado de niños en el hogar	☐	☐	☐
10	Pruebas de la orientación de los asistentes y/o sustitutos; evidencia que la orientación incluye la recepción de la descripción escrita del puesto de trabajo y las pólizas del programa y los procedimientos	☐	☐	☐
	Acuerdo escrito de empleo de los asistentes/sustitutos, identificando los salarios basados en responsabilidades, la educación o el entrenamiento y la experiencia	☐	☐	☐
	Documentación de las reuniones con los asistentes para compartir observaciones de niños y plan de actividades	☐	☐	☐
	Evidencia de pago de por lo menos el salario mínimo, los impuestos sobre la nómina y la compensación de los trabajadores para los asistentes y/o sustitutos	☐	☐	☐

Hoja de Trabajo para las Cualificaciones del Proveedor

Nombre del Programa: _____ Nombre del Proveedor: _____ Fecha: _____

Grado más Alto de Educación

Certificado de Escuela Secundaria/GED	☐	Concentración: _____
Algunos cursos universitarios	☐	Concentración: _____
Certificado de Asociado (Certificado dos años completos de universidad)	☐	Concentración: _____
Bachillerato	☐	Concentración: _____
Maestría	☐	Concentración: _____
Doctorado	☐	Concentración: _____
	_____	Total de horas de crédito de semestre universitario

Cursos Especializados en Educación Temprana o Desarrollo Infantil

_____ Total de horas de semestre/crédito universitario

Cursos o Entrenamiento Especializado en Administración de Negocios*

_____ Total de horas de semestre/crédito universitario

_____ Total de horas de reloj de entrenamiento en administración

Credenciales y Certificaciones

☐ CDA   ☐ Credencial de Administrador/Credencial de Cuidado Infantil familiar

☐ Credencial Montessori   ☐ Credencial de Educador de Primera Infancia

☐ Otro: _____

Experiencia en Cuidado de Niños en el Hogar

_____ años _____ meses

*Ejemplos de cursos o entrenamiento de administración pueden incluir: practicas de administración de negocios pequeños, contratos, mantenimiento de archivos, planeamiento para impuestos, asuntos legales y de seguros, aplicación de tecnologiá de negocios, contabilidad, mercadeo, administración de bienes, cómo aplicar por suvenciones y administración de personal, liderazgo y abogacía.

Formulario de Resumen de los Ítems

Nombre del Programa o del Proveedor: _____ Fecha: _____

Instrucciones

Use esta forma para recopilar las calificaciones de los ítems y para calcular el resultado Total de la BAS e Ítem Promedio de la BAS.

- Escriba la calificación de cada Ítem en el espacio correspondiente.

- Sume todas las calificaciones de los Ítems y escriba la suma total en el espacio indicado. Esta será la Calificación Total de la BAS.

- Divida la Calificación Total de la BAS por el número total de ítems que fueron calificados (mínimo de 9 ítems para todos los programas de cuidado del hogar; 10 para programas que tienen como mínimo un empleado). El resultado de esta división es la Calificación Promedio de la BAS.

Ítem | Calificación

1. Cualificaciones y Desarrollo Profesional _____
2. Ingresos y Beneficios _____
3. Ambiente de Trabajo _____
4. Manejo Fiscal _____
5. Mantenimiento de Archivos _____
6. Manejo de Riesgos _____
7. Comunicación entre Proveedor y Familia _____
8. Apoyo y Envolvimiento de Familias _____
9. Mercadeo y Relaciones Comunitarias _____
10. El Proveedor como Empleador (se permite N/A) _____

Suma de las calificaciones de los Ítems

[ ] ÷ [ ] = [ ]

Calificación Total de la BAS   Numero de Ítems Calificados   Calificación Promedio de la BAS

Perfil de la Escala de Evaluación de la Administración de Negocios

Nombre del Programa o del Proveedor: _____ Fecha: _____

Ítems	1	2	3	4	5	6	7
1. Cualificaciones y Desarrollo Profesional							
2. Ingresos y Beneficios							
3. Ambiente de Trabajo							
4. Manejo Fiscal							
5. Mantenimiento de Archivos							
6. Manejo de Riesgos							
7. Comunicación entre Proveedor y Familia							
8. Apoyo y Envolvimiento de Familias							
9. Mercadeo y Relaciones Comunitarias							
10. El Proveedor como Empleador (se permite N/A)							

Calificación Total de la BAS _____ ÷ Numero de Ítems Calificados _____ = Calificación Ítem Promedio de la BAS _____

Escala de Evaluación de la Administración de Negocios
Apéndices

- Las Características de la Psicometría de la BAS

- Referencias y Recursos

- Acerca de las Autoras

Los coeficientes tuvieron un rango de .01 a .44, confirmando que los ítems individuales en la BAS miden características de las prácticas de negocios del cuidado de niños en el hogar que son distintas pero que, a cierto grado, están relacionadas.

Tabla 5. *Intercorrelacions de los Ítems de la BAS (N = 83)*

Ítem	1	2	3	4	5	6	7	8	9	10
1. Cualificaciones y Desarrollo Profesional	--	.20	.07	.21	.14	.33	.01	.38	.25	.23
2. Ingresos y Beneficios			.11	.30	.39	.15	.44	.34	.28	.42
3. Ambiente de Trabajo				.23	.21	.13	.22	.01	.22	.03
4. Manejo Fiscal					.40	.11	.14	.19	.27	.29
5. Mantenimiento de Archivos						.08	.27	.28	.39	.32
6. Manejo de Riesgos							.20	.33	.20	.15
7. Comunicación entre Proveedor y Familia								.30	.17	.22
8. Apoyo y Envolvimiento de Familias									.29	.36
9. Mercadeo y Relaciones Comunitarias										.44
10. El Proveedor como Empleador										--

Confiabilidad entre evaluadores. El grado de confiabilidad con que coincidieron las calificaciones de los evaluadores con las calificaciones de la BAS, se determinó con 21 evaluadores durante cuatro días en un entrenamiento acerca del uso del instrumento. Se utilizaron entrevistas grabadas y una revisión de la documentación de muestra para todo el proceso de recopilación de información, los evaluadores fueron calificados sobre la frecuencia con la que coincidían con las puntuaciones dentro de 1 punto, a las calificaciones base de la BAS por cada ítem. Las calificaciones de confiabilidad entre evaluadores individuales tuvieron un rango de acuerdo de un 90% a un 100% en los 10 ítems de la BAS. El promedio global de fiabilidad entre los 21 evaluadores fue de 94%. Las calificaciones de fiabilidad de los ítems individuales tuvieron un rango del 67% a 100% calculando el promedio de calificación de fiabilidad de ítems con un acuerdo del 100%.

Diferenciando los programas. Para asegurar que el uso de la BAS sea aplicable en programas de diversos tamaños, se condujo un análisis de variación (ANOVA). Los programas se consideraron de tamaño grande si el proveedor ofrecía servicios a 11 o más niños. Los programas grandes constituyeron el 43% de la muestra. Los resultados de la Tabla 6 proporcionan evidencia confirmatoria de que las calificaciones promedio de la BAS no varían en base al tamaño del programa del proveedor. Los proveedores de los programas más grandes tuvieron calificaciones similares (M = 4.00, D.E. = 1.09) a los programas más pequeños (M = 3.61, D.E. = .97). Además, para 9 de los 10 ítems, no se encontraron diferencias significativas en calificaciones de la BAS basadas en el tamaño del programa. El Ítem 10, El Proveedor como Empleador, demostró tener calificaciones ligeramente superiores cuando se trata de programas de mayor tamaño (M = 2.85, D.E = 1.88) que cuando se trata de aquellos de menor tamaño (M = 2.06, D.E. = 1.03) con una f que se calculó en 4.28 con p = .04.

Tabla 6. *Análisis de Variación según el Tamaño del Programa (N = 83)*

	Suma de Cuadros	*df*	Cuadros Promedio	*F*	*p <*
Entre Grupos	3.058	1	3.058	2.924	.091
Dentro de los Grupos	84.719	81	1.046		
Total	**87.776**	**82**			

Para asegurar que la BAS sea aplicable para su uso en diferentes regiones geográficas, se condujo un análisis de variación para determinar si las calificaciones promedios de la BAS variaban según el estado en el cual opera un proveedor. Los resultados que se encuentran en la Tabla 7 proporcionan evidencia de que las calificaciones totales de la BAS no varían significativamente según la región geográfica. Además, en 8 de los 10 ítems, no se encontraron diferencias significativas en las calificaciones de los ítems de la BAS. El Ítem 2, Ingresos y Beneficios, examinados después del evento, revelaron que los programas en California tuvieron calificaciones más altas que los de la Florida. Para el Ítem 7, Comunicación entre Proveedor y Familia, los exámenes post investigación hallaron que los programas de California y Tennessee tuvieron resultados superiores a aquellos de la Florida e Illinois.

Tabla 7. *Análisis de Variación por Región Geográfica (N = 83)*

	Suma de Cuadros	df	Cuadros Promedio	F	p <
Estado	6.113	3	2.038	1.971	.125

Para poder determinar si la BAS establece diferencias adecuadamente entre programas de calidad variable, se administró *la Escala de Calificación del Ambiente de Cuidado Infantil en Familia-Edición Revisada (Family Child Care Environment Rating Scale-Revised Edition o FCCERS-R)* (Harms, Cryer y Clifford, 2007) a un submuestra de 33 programas. El FCCERS–R es una escala de 38 ítems de calidad global de cuidado de niños en el hogar que califica a los programas en una escala Likert del 1–7 dónde el 1 se considera inadecuado y el 7 se considera excelente. Para el análisis actual se agruparon los programas en aquellos que calificaron en/o por debajo de 3.50 (el punto medio de la escala) y aquellos que calificaron por arriba de 3.50. Dieciocho programas calificaron por arriba de 3.50 mientras que 15 calificaron en/o por debajo de 3.50. Entonces se condujo un análisis de variación (ANOVA). Los resultados que se presentan en la Tabla 8 proporcionan evidencia de que los programas de calidad inferior tuvieron resultados significativamente mas bajos en la BAS (M = 3.08, D.E. = .89) que los programas con mayor calidad global (M = 3.87, D.E. = .94).

Validez actual. La validez actual para la BAS se determinó mediante un análisis correlacionado con una sub-escala de *la Escala de Calificación del Ambiente de Cuidado Infantil en Familia-Edición Revisada* (FCCERS–R) la cual mide la efectividad organizacional-la sub-escala de los Padres de Familia y Proveedor. Se les administró la sub-escala de Padres y Proveedor del FCCERS–R a setenta y ocho de los proveedores. La Tabla 9 demuestra la correlación moderada entre esta sub-escala del FCCERS–R, confirmando que la BAS mide características relacionadas pero no redundantes de la calidad de los programas que se miden con el FCCERS–R.

Tabla 8. *Análisis de Variación de la Calidad Global de las Programas (N = 33)*

	Suma de Cuadros	df	Cuadros Promedio	F	p <
Entre Grupos	5.175	1	5.175	6.103	.019
Dentro de los Grupos	26.285	31	.848		
Total	**31.460**	**32**			

Los resultados del estudio de fiabilidad y validez apoyan la conclusión que *la Escala de Evaluación de la Administración de Negocios para el Cuidado de Niños en el Hogar* cumple con los seis criterios de la psicometría: demuestra buena constancia interna; mide las prácticas profesionales y de negocios en el cuidado de los niños en el hogar distintas pero relacionadas entre sí; tiene buena fiabilidad entre evaluadores; no discrimina injustamente en contra de programas de varios tamaños ni programas ubicados en diferentes zonas geográficas; puede diferenciar entre niveles de calidad de la manera en que los mide el FCCERS–R; y está relacionado, pero no redundante, con otras medidas de calidad de programas.

Table 9. *Correlación de los Ítems de la BAS con la Sub-escala de los Padres de Familia y el Proveedor de la FCCERS-R (N = 78)*

Ítem BAS	Sub-escala de los Padres de Familia y el Proveedor de la FCCERS-R
1. Cualificaciones y Desarrollo Profesional	.29*
2. Ingresos y Beneficios	.32*
3. Ambiente de Trabajo	.15
4. Manejo Fiscal	.19
5. Mantenimiento de Archivos	.16
6. Manejo de Riesgos	.36*
7. Comunicación entre Proveedor y Familia	.44**
8. Apoyo y Envolvimiento de Familias	.38**
9. Mercadeo y Relaciones Comunitarias	.20
10. El Proveedor como Empleador [†]	.21
Promedio de la BAS	**.49****

Nota. [†] *N* = 65. *N* = 6. **p* < .05. ***p* < .01.

Referencias y Recursos

Abell, E., Arsiwalla, D., Putnam, R., & Miller, E. (2014). Mentoring and facilitating professional engagement as quality enhancement strategies: An overview and evaluation of the Family Child Care Partnerships program. *Child Youth Care Forum, 43*, 569–592. doi: 10.1007/s10566-014-9254-1

Bordin, J., Machida, S., & Varnell, H. (2000, October). The relation of quality indicators to provider knowledge of child development in family child care homes. *Child and Youth Care Forum, 29*(5), 323–341.

Bromer, J., & Weaver, C. (2016). Supporting family child care and quality improvement: Findings from an exploratory survey of Illinois child care resource and referral agency staff. *International Journal of Child Care and Education Policy*. doi: 10.1186/s40723-016-0020-8

Copeland, T. (2014). *Family child care record-keeping guide* (9th ed.). St. Paul, MN: Redleaf Press.

Copeland, T. (2008). *Family child care business planning guide*. St.Paul, MN: Redleaf Press.

Copeland, T. (2008). *Family child care money management and retirement guide*. St. Paul, MN: Redleaf Press.

Copeland, T. (2006). *Family child care contracts and policies: How to be businesslike in a caring profession*. St. Paul, MN: Redleaf Press.

Copeland, T., & Millard, M. (2004). *Family child care legal and insurance guide: How to reduce the risks of running your business*. St. Paul, MN: Redleaf Press.

Dischler, P. (2005). *From babysitter to business owner: Getting the most out of your home child care business*. St. Paul, MN: Redleaf Press.

Fischer, J. L., & Eheart, B. K. (1991). Family day care: A theoretical basis for improving quality. *Early Childhood Research Quarterly, 6*(4), 549–563.

Forry, N., Iruka, I., Tout, K., Torquati, J., Susman-Stillman, A., Bryant, D., & Daneri, M. P. (2013). Predictors of quality and child outcomes in family child care settings. *Early Childhood Research Quarterly, 28*(4), 893–904.

Gerstenblatt, P., Faulkner, M., Lee, A., Doanm K. T., & Travis, D. (2014). Not babysitting: Work stress and well-being for family child care providers. *Early Childhood Education Journal, 42*, 67–75. doi: 10.1007/s10643-012-0571-4

Goleman, H., Shapiro, E., & Pence, A. R. (1990). Family environment and family day care. *Family Relations, 39*(1), 14–19.

Hallam, R., Bargreen, K., & Ridgley, R. (2013). Quality in family child care settings: The relationship between provider educational experiences and global quality scores in a statewide quality rating and improvement system. *Journal of Research in Childhood Education, 27*, 393–406.

Hamm, K., Gault, B., & Jones-DeWeever, A. (2005). *In our own backyards: Local and state strategies to improve the quality of family child care*. Washington, DC: Institute for Women's Policy Research.

Harms, T., Cryer, D., & Clifford, R. (2007). *Family Child Care Environment Rating Scale–Revised*. New York, NY: Teachers College Press.

Helburn, S. W., Morris, J. R., & Modigliani, K. (2002). Family child care finances and their effect on quality and incentives. *Early Childhood Research Quarterly, 17*(4), 512–538.

Referencias y Recursos

Hemmeter, M. L., Joseph, G. E., Smith, B. J., & Sandall, S. (Eds.). (2001). *DEC recommended practices program assessment: Improving practices for young children with special needs and their families.* Longmont, CO: Sopris West.

Hughes-Belding, K., Hegland, S., Stein, A., Sideris, J., & Bryant, D. (2012). Predictors of global quality in family child care homes: Structural and belief characteristics. *Early Education and Development, 23*(5), 697–712. doi: 10.1080/10409289.2011.574257

Jack, G. (2005). *The business of child care: Management and financial strategies.* Clifton Park, NY: Thomson Delmar Learning.

Kelton, R., Talan, T. N., & Bloom, P. J. (2013, Fall). Alternative pathways in family child care quality rating and improvement systems. *Early Childhood Research & Practice, 15*(2).

Kontos, S., Howes, C., & Galinsky, E. (1996). Does training make a difference to quality in family child care? *Early Childhood Research Quarterly, 11*, 427–445.

Kontos, S., Howes, C., Shinn, M., & Galinsky, E. (1995). *Quality in family child care and relative care.* New York, NY: Teachers College Press.

Lanigan, J. (2011). Family child care providers' perspectives regarding effective professional development and their role in the child care system: A qualitative study. *Early Childhood Education Journal, 38*, 399–409. doi: 10.1007/s10643-010-0420-2

Layzer, J. I., & Goodson, B. D. (2006). *National study of child care for low-income families: Care in the home: A description of family child care and the experiences of the families and children who use it.* Washington, DC: United States Department of Health and Human Services, Administration for Children and Families.

National Association for Family Child Care. (2013). *Quality standards for NAFCC accreditation* (4th ed.). Salt Lake City, UT: Author.

Ota, C., & Austin, A. (2013). Training and mentoring: Family child care providers use of linguistic inputs in conversations with children. *Early Childhood Research Quarterly, 28*(4), 972–983.

Raikes, H., Raikes, H., & Wilcox, B. (2005). Regulation, subsidy receipt and provider characteristics: What predicts quality in child care homes? *Early Childhood Research Quarterly, 20*, 164–184.

Raikes, H., Torquati, J., Jung, E., Peterson, C., Atwater, J., Scott, J., & Messner, L. (2013). Family child care in four Midwestern states: Multiple measures of quality and relations to outcomes by licensed status and subsidy program participation. *Early Childhood Research Quarter, 28*(4), 879–892.

Susman-Stillman, A., Pleuss, J., & Englund, M. (2013). Attitudes and beliefs of family- and center-based child care providers predict differences in caregiving behavior over time. *Early Childhood Research Quarterly, 28*(4), 905–917.

Talan, T. N., & Bloom, P. J. (2011). *Program Administration Scale: Measuring Early Childhood Leadership and Management* (2nd ed.). New York, NY: Teachers College Press.

Weaver, R. H. (2002). Predictors of quality and commitment in family child care: Provider education, personal resources, and support. *Early Education and Development, 13*(3), 265–282. doi: 10.1207/s15566935eed1303 2.

Acerca de las Autoras

Teri N. Talan, Ed.D., J.D.

Teri N. Talan es es la Michael W. Louis Endowed Chair y Directora de Investigaciones y Pólizas Públicas del McCormick Center for Early Childhood Leadership de la Universidad National- Louis en Wheeling, Illinois. Ella representa al Centro en los foros de pólizas públicas y promueve acciones por parte de aquellos que hacen las pólizas en los estados y a nivel nacional con respecto a la educación y el desarrollo infantil y problemas en administración de programas. Anteriormente, la Dra. Talan fue la Directora Ejecutiva de un programa de educación infantil acreditado por la Asociación Nacional de Educación Infantil (National Association for the Education of Young Children o NAEYC). Tiene una licenciatura en leyes de la Universidad Northwestern y recibió una maestría en Derecho y Liderazgo de la Educación Infantil y un doctorado en Educación para Adultos de la Universidad National-Louis. Los intereses de investigación de la Dra. Talan se encuentran en las áreas del desarrollo de personal de la educación infantil, evaluación de la calidad de programas, liderazgo e integración de sistemas. Es la coautora de la *Escala de Evaluación de la Administración de Programas* (*Program Administration Scale* o *PAS*), *¿Quién está Cuidando a los Niños? El Estado del Personal en la Educación Infantil en Illinois* (*Who's Caring for the Kids? The Status of the Early Childhood Workforce in Illinois*), y *Cerrando la Brecha de Liderazgo* (*Closing the Leadership Gap*).

Paula Jorde Bloom, Ph.D.

Paula Jorde Bloom fue profesora emerita en la Universidad National Louis y fundadora del McCormick Center for Early Childhood Leadership en Wheeling, Illinois. Recibió una maestría y doctorado de la Universidad de Stanford. Los intereses de investigación de la Dra. Bloom se encuentran en las áreas del ambiente organizativo, estrés ocupacional, satisfacción en el trabajo, desarrollo del personal y otros temas de personal disponibles en la educación temprana. Es la autora de muchos artículos y varios libros ampliamente leídos, incluyendo: *Evitando el Agotamiento* (*Avoiding Burnout*), *Un Gran Lugar Para Trabajar* (*A Great Place to Work*), *Plan de Acción* (*Blueprint for Action*), *Círculo de Influencia* (*Circle of Influence*), *Aprovechando al Máximo las Reuniones* (*Making the Most of Meetings*), *Fundamentos del Taller* (*Workshop Essentials*), *Liderazgo en Acción* (*Leadership in Action*), *Inspirando el Rendimiento Máximo* (*Inspiring Peak Performance*), *y De Adentro Hacia Afuera* (*From the Inside Out*). Desarrolló varias herramientas de evaluación, incluyendo la *Encuesta sobre el Ambiente de Trabajo en la Primera Infancia* (*Early Childhood Work Environment Survey* o *ECWES*), *La Encuesta de Satisfacción del Empleo en la Educación Infantil* (*Early Childhood Job Satisfaction Survey* o *ECJSS*), y con Teri Talan, la *Escala de Evaluación de la Administración de Programas* (*Program Administration Scale* o *PAS*).

Notas

Notas